AF581478

GUIJARROS OVALADOS

IGNORANCIA CARRASCA

GUIJARROS OVALADOS

EXLIBRIC
ANTEQUERA 2023

GUIJARROS OVALADOS
© Ignorancia Carrasca
Diseño de portada: Dpto. de Diseño Gráfico Exlibric

Iª edición

Editado por: ExLibric
c/ Cueva de Viera, 2, Local 3
Centro Negocios CADI
29200 Antequera (Málaga)
Teléfono: 952 70 60 04
Fax: 952 84 55 03
Correo electrónico: exlibric@exlibric.com
Internet: www.exlibric.com

ISBN: 978-84-19827-70-8
Depósito Legal: MA-1080-2023

Nota de la editorial: ExLibric pertenece a Innovación y Cualificación S. L.

IGNORANCIA CARRASCA

GUIJARROS OVALADOS

GUIJARROS OVALADOS

PARTE I

I

Tus pasos son ligeros como el fluir de un arroyo.
Los guijarros del camino sortean penas de una vida
con avatares.

Los avatares pueden ser fáciles y sencillos
o difíciles y complicados,
pero si quieres caminar río abajo,
tendrás que atravesarlos.

Muchas plantas te ayudarán
allí en el inmenso bosque de humedal.
Te darán cobijo. Te aliviarán
como bálsamo tus heridas,
confortarán las grietas de tus pies.

Y todavía así, tendrás que llegar al final del río,
paralelamente.
Tú arrastrando tus pisadas. Tú brincando alegremente
por numerosos motivos.

Cuando la distancia se reduzca, serás feliz.
Encontrarás el éxito de tu caminar. Pero…
¿te has acordado entonces del primer guijarro
que hallaste en tu trayecto? ¿Has agradecido
a aquella planta verde y frondosa
que te brindó su cobijo?

Caminante, qué poco somos y qué grandes
para abrir nuestra sinceridad
al complejo hábitat humano y humanizante
que nos rodea.

II

Andando.
Caminando.
Dejando huella.
Marcando el trayecto de una caravana.
Escuchando la música.
Atrapando el silencio.
Encontrándote en el horizonte.
Hallándote en mi ocaso.
Celebrando tu existencia.
Escribiendo tus señas.
Traduciendo tus palabras.

¿Me estás ayudando con tu silencio?
Me apoyo en tu brazo de hierro. Es férreo.
Asalto de decisión magnética.
Demasiados asaltos resplandecientes.

Caminando despacio en tu dirección.
No es ambigua.

III

EL CAMINO Y EL CAMINANTE

Sigue, avanza, camina hacia adelante, caminante.
Peregrino, con sigilo, medita tu tristeza.
Sin contemplar con extrañeza
tus errores

cometidos por valor o sin valores.
Rectifica.
Endereza la senda.
Caminas por vía ancha
o vía estrecha.
Da igual, caminante,
que el sollozo o el gozo
se resguarden en tu meditabundo corazón
y entre todos los rincones del mundo,
habita con pasión
el esfuerzo, el cansancio,
el agradecido espacio
para la reflexión.

Meditar no es vacío,
aunque a veces lo encontremos.
Meditar es remar hacia el mar
del encuentro.

De un encuentro con el firmamento
que podemos sentir lejos o muy adentro.

Se apodera el alma
que revolotea sobre lo más bello,
lo más grande, lo magnífico del ser.

El ser humano no ha de ser huraño
a su voz.
Debe acogerla, escucharla
y proyectarla, sonido, precisión.

De un momento a otro
susurras alma grande
al mundo tu esplendor.

Sin embargo, es tan pequeño
ese instante, como una flor,
y se encuentra en el espejo,
cautivo y prisionero,

el pobre corazón.

IV

Inalcanzable es el modo de vivir del ser humano.
Tanta variedad y tan homogéneo e igual todo.

Descubrir de otra galaxia
los luceros y nebulosas ocultas,
que protegen con consciencia férrea,
y en clemencia,
el largo andar y caminar por la órbita misma:
desconocida, inatrapable, inabarcable,
imperiosa e imponente.

¿Miedo?
A todo lo que rodea y desconozco.
A todo lo que hace peligrar el bien
y las armonías comunes.

Miedo.
Porque de ahí brota, como de la nada,
la cosecha que alimenta
el día de cada trabajador.

Ser ese canto de libertad.
Sollozar en la oscuridad,
tan sólo iluminada por la luna,
el desvío terrible que pone en peligro
a mi vagón… a mi vagón itinerante.

Caminar por ese vagón,
ese férreo y fuerte vagón
que rueda y rueda
sobre los carriles, férreos también,
del camino hacia el brillar.

La luna y las estrellas te acompañan, sol,
y siempre habrá esperanza.

No pierdas el rumbo, vagón.
No pierdas el rumbo, carril.
No pierdas el rumbo, vida.

Formas tan variadas como homogéneas.

Y el halo de luz siempre irá por delante
de un destello frágil, pero potencialmente inabarcable
en su libre intención.
Gracias, nebulosa edificadora.

V

Desde hace mucho tiempo, la alegría se desvaneció.
Desde hace mucho tiempo, ya no brilla el sol.
Desde hace mucho tiempo, se pierden
las maravillas que custodian.

Deja volar la gaviota,
          la paloma,
el ave torcaz.

Nada volverá a perturbar tu paz. Voz inquebrantable.
          No hay sitio. No hay lugar.
No hay sitio. No hay lugar.

Nada es igual. Y todo se pierde.

Que el viento sople,
          y se lleve tus
                    fotocopias.

VI

Caminar entre vallados es difícil.
No deja de ser bonito, pues embellece
y adorna el paisaje.
Pero caminar entre vallados es difícil.

Cuando florecen las pistas de tierra húmeda
y fecunda en primavera, el campo y el vallado
se convierten en una invitación a la libertad.

El campo y el vallado en primavera
son una puerta a la libertad puntual y concreta.
Después ya no está. Después ya no existe.
Después ya no existe la libertad.

Y tendrá que sucederse un verano verde y brillante
en el que se otee la libertad desde lejos, pero hermosa.
Y cuando el invierno se instale, no habrá libertad,
sólo la de nuestros ojos, que mirarán siempre
al infinito vallado de esperanza.
Y la esperanza vallada de fe.

VII

Por un buen camino caminábamos contentos el abuelo de José y de Lisa. Yo no estaba convencida de que en aquel lugar se pudieran encontrar el tramo y la trayectoria falsa, que ningún otro senderista pudiese buscar precipitadamente con impaciencia.

Aquello era algo extraño para mí, un ser que no entendía nada de lo que allí pasaba, y que en medio de un respiro entrecortado me abandonase indolente a un rumbo proyectado desde hacía tanto tiempo. Para mí era, sin duda, un lamento imposible de abarcar.

Y así, remando mar adentro, me abracé fortísimamente a la barca, que un bracero, mi abuelo, dirigía entre el mar, a ratos pacífico, a ratos agitadísimo, que no era otra cosa que la estela que mi vida y mi corazón le obsequiaban. A veces, él se alegraba fuerte y jubilosamente; otras se agitaba, algo así como el mar, procurando luchar, remar contracorriente y salvar la pequeña embarcación de las olas agitadas y sacarla a flote. Y flotaba. La barca siempre flotó. Y él, el abuelo, siempre me ayudó.

VIII

Llegó la ola. Se extendió con toda su magnitud en la arena húmeda y encharcada de la orilla. La playa no era grande, ni siquiera inmensa. Era una caleta humilde en un giro del relieve costero, tan azul como amable.

Llegó la ola. Y nadie se inquietó. Sin embargo, en su silenciosa desembocadura y en su morir, allí, en la arena mojada que contrastaba con el color blanquecino de la arena cobijada y mimada caprichosamente por los rayos del sol, la ola, suspirando, nos regaló su viaje largo, su fuerza, su belleza. Un recorrido permanente, constante.

Sin darnos cuenta, muchas olas la seguían y la imitaban. Y volvía a repetirse aquel desatino certero. La caleta estaba silenciosa. Alguna barca jugaba y se mecía sobre aquel mar tan repleto de olas que viajaban y se morían en la orilla. Las gaviotas surcaban numerosas el cielo, salpicado de nubes regordetas e infladas, que como corderos blancos y mansos descansaban despreocupadamente en el enorme firmamento azul. Una boya amarilla cual pequeño astro al que atar la barca flotaba y repicaba en el mar, como una campana grave e inquietante de un campanario. Y el silencio se hacía totalmente en el mar, en la costa, en la orilla y en la arena.

Y sólo las gaviotas, las nubes, la boya, la barca y el mar sumergido con hondísima profundidad en tal misterioso instante comprendían el momento grave y solemne, que repicaba, como campana inquieta.

Alertando, las olas se percibían en la distancia. Alguien contemplaría su trayectoria.

IX

DE NUEVO TRAS LOS PASOS. POR LA VEREDA

Nos adentramos sigilosamente en el sendero oscuro del final del trayecto. Los árboles susurraban entre el frío casi invernal un canto a la naturaleza abrupta. El sendero era sospechoso. Apenas unos pasos y casi no se vislumbraban los bordes exhaustos de sus márgenes.

Todo lo planteado como el comienzo de un tramo era muy difícil. La llanura era tan sólo física. Inmensas montañas y cumbres encrespadas de dificultad se alzaban especulando la osadía y bravura del caminante.

No era fácil.

Y en medio de tal conflicto, las piedras sorteaban los límites que procuraba el viandante superar.

No era fácil.

Se recordó entonces que quizás, tal vez, detrás de aquel principio difícil se alcanzaría el jardín deseado. Y sí, allí estaba. El jardín era resplandor, un fulgor brillante, como si iluminase toda oscuridad molesta.

El jardín abarcaba colores, brillos, luces preciosas. Apenas sin nubes, el cielo sobre él era azul intenso. Alumbraba una vegetación viva y luminosa. Como destellos eran sus rayos. El color verde de esta vegetación maravillosa presentaba varios tonos, cada cual adecuado a su lugar y a su función.

Sí, realmente aquel lugar mágico y atrayente, era un pequeño paraíso todavía existente en medio de la oscuridad reinante.

Todas las dificultades desaparecieron para el caminante cuando recordó y se vio invadido por estos sentimientos y recuerdos y proyectos que lo abrazaron.

Era maravilloso verse en ese jardín, pero había que atravesar el sendero tenebroso. El caminante lo lograría por su valor.

X

En medio de tanto cansancio, aglomeración y obligaciones, resurgen y resaltan el cansancio y la hartura de un monótono y repetitivo discurso de los días. Y, en esta ocasión, de la repetición continua, surge el ansia por la originalidad que quiere desembocar en arte.

De ahí la búsqueda de lo exótico, original, un arte que corre el gravísimo peligro de desembocar y acabar en una explotación de lo genuino, de lo primitivo, para abastecer el ansia de ambiciosas vertientes del mundo supuestamente establecido. Un ansia que reclaman muchas, la mayoría de las veces, declives artísticos en decadencia, que no saben, porque no pueden, quizás, encontrar en sí mismos y en su propio terruño la originalidad muchas veces perdida por la sobreexplotación decadente e, incluso, a veces perdida.

XI

¿Qué van a cavilar nuestros ojos
y nuestro pensamiento, si en medio de la decrepitud
y el desvelo,
nadie pronuncia tu nombre?

¿Quién va a meditar en sus reflexiones
(si es que hay lugar, sitio y espacio para ello)
la paz y el valor permanentes de la serena quietud
que despunta cada día dándonos una nueva oportunidad?

Es hermoso conocer los designios del destino.
Pero tanto como hermoso, imposible.
Él nos deja jugar en el jardín.
¿Cómo lo cuidamos? ¿Cómo jugamos con él?
¿Y quién nos enseña a jugar en él y a cuidar de él?

Del corazón cercano a la divinidad amorosa
nace refulgente,
como abanico de esperanza colorida,
un sinfín de mariposas, alegres,
revoloteadoras y sensibles.
No las destruyamos. Se hicieron para ahí.
Para ahí. Para el campo.
Para la ciudad, el paisaje y el amor.

XII

Tu historia es como una madeja enrollada en lana y lino.
No se sabe por dónde empezar.
Quizás esa historia se atraganta
y no es capaz ni por sí sola de desenmarañarse.

Queda como un malestar incurable
del que se muere.

Hay vidas en las que el lagrimal y el ventrículo
se abrazan.
Su ancla férrea, a veces caprichosa,
a veces intransigente,
no es más que una triste historia.

Si se derrocha un sinfín de tiempo abanicándola,
esta historia, fuertemente dulce y templada,
cálida en el aire cargado, casi estival,
de amaneceres rojos y de noches frías,
es verdad, también, asimismo,
la palidez de su sombra
proyectará siempre un halo de esperanza.

No es un grito acongojante.
Es una caricia de brisa suave
que sólo sabe durar muy poco.
Brevísimos instantes,
pero… de eternidad.

No quiere seguir narrando,
lo que casi es imposible.
La esperanza, el sueño,
aletea y se repite,
cual mariposa bella y azul,
para cerrar sus alas
jugando en un sopor tan dulce
que nada después vuelve a ser igual.

XIII

Tienes encanto de invierno, una débil admiradora
y una fuerte luz impresa en la fuente de tu ala,
el sombrero de las páginas que pasa el librero,
a la luz de su vela.

A la lumbre de la esfera que el tiempo teje.

A medida que vamos creciendo
y luego envejeciendo después,
no adquirimos nada.
Sólo nos desprenden de lo que tenemos.
Hasta el mismo tiempo nos va restando
y dejándonos:
sin días.

XIV

Cada día
es un medio eficaz para poder tolerar,
indiscutiblemente, el semblante de la gente.

El semblante perenne del camino,
reguero incierto, pero amigo.

Atravesar los lodos, el barro
o las piedras ovaladas,
los cantos rodados,
las gotas del mar
saladas.

De los lagrimales indecisos
que bañan los rostros distraídos y entristecidos,
se abre el océano de la razón o del absurdo acordeón
de música constante y de fríos aparte.

A lo lejos, el cielo y el horizonte,
y el afán, a veces desigual, que brilla,
aunque tantas veces se bifurque
en vanos intentos la rutina.
Que no se pierdan desnutridos,
jamás en los vacíos
de un vivir sin sentido.

DÍAS DESPUÉS, MESES DESPUÉS...

I

El atardecer inquietante
se adormecía sobre el horizonte y las rocas.
El sol dorado se ocultaba
y ninguna flor advirtió su colorido.

Los raíles del camino
se oxidaron sin remedio,
atendiendo a la estación
casi ya de invierno.

Un movimiento largo y fuerte
atronó las raíces del árbol,
la encina que antaño
se había plantado al borde
de las cunetas verdes.

Era rebelde el consentir
que la luna no se doblara,
que la noche no se apagara,
que la brisa azul del mar
no se acabara.

Era verano,
y yo ya no imitaba
a nada.
Tu voz poco hablaba y más callaba.

II

Tras ambas cortinas
tus ojos señalaban una estrella
y tus párpados cálidos
señalaban astros del cielo.

Tras ambas cortinas
descansaba tu mirada,
deleitándose en una noche
que comenzó y ya terminaba.

Tras ambas cortinas
descorrí tus secretos,
otros muchos los guardabas
apretados en ti y sujetos.

Quisiera regalarte un astro,
el astro sol, que es mi tierra
para ver tu rostro en él,
sin ninguna lágrima,
sin ninguna siquiera.

III

Despacio, lentamente,
se agitan los astros en el cielo.
Allí miramos esperanzados
en un mundo mejor.

Los astros nos saludan y nos guían
como personajes de un cuento mágico,
de una ilusión increíble
pero, a la vez, maravillosa.

¿Cuándo se aliviará el tiempo?
Pasan segundos y minutos opacos.
Casi se desvela el horizonte.
En el trono de la sensatez
se precipita el abismo de una noche sin sol.

IV

El cielo está todavía muy alto,
nadie lo puede alcanzar.
Lleno de estrellas azules
que, como olas del mar,
tintinean asustadas o llenas de ilusión.

El cielo se esconde.
Las impresiones del firmamento son varias y difíciles.
¿Qué querrán decir?
Lo alcanzo sólo con el corazón.
Es un sentimiento hondo y profundo
que arrasa y arremete contra la distancia,
contra la incertidumbre de la ausencia.

Es un abrazo que rodea tu ser,
que atrapa tu vida, que se transforma,
que es inadvertido.
Y así… caminante fui.

V

Quisiera alzar los brazos en tu ayuda,
pero instalaste una terrible neblina impenetrable.
La tienda de los libros está cerrada.
Nadie la abre.
Por la ventana asoman cuentos, montañas,
hadas, magos y niños.
Pero no abandonan la estancia.

Quisiera dotar al infinito de estrellas,
de estrellas recortadas por mí
con tijeras mágicas que serpentean las ilusiones
y la ilusión de la eternidad.

Un minuto del corazón.
Un instante sin ruido
en el fragor de la vida,
más que indicios rotos,
en un abrazo sin correspondencia.

Otros poemas desde el baúl

I

Renaciendo de los granos de oro y de plata,
apagándose el lamento y las ganas de llorar,
hallase incierta y desmemoriada
la razón última, el motivo razonado
de esperar.

II

Se asemeja en el río a esos lechos
de agua que discurre sin cesar,
y las matas que resurgen perplejas
no cesan de mecerse y dormitar.

El río discurre apaciguado,
los largos trinos se perpetúan
a flor de caudales somnolientos,
y en lamentos trágicos
se bifurcan los cálidos semblantes dulces.

III

Toma mi mano.
No dejes de soñar, de lamentar, de anhelar.
Tu dulce y musical rostro de niño
es tan hermoso, que apenas sé decir aquí más.

Tus palabras suenan cual notas de arpegios
de un teclado que nadie interpretará.
Tus palabras dulces y modestas
son el brillo imperceptible de otro saber mirar.

Toma mi mano, no te asustes,
cual tierna joya he de guardar.
Toma mi mano, sonríe
y todo cambia sin poder cambiar.

IV

Caminando en serie de desfile,
sofocando los límites restringidos,
la humanidad en las personas disminuye
a la par que lo novedoso aumenta.

En este bregar, hacer y deshacer
de las jornadas estiradas, prolongadas,
artificialmente montadas y desmontadas,
se origina un especial foco de infinitud.

Una línea limitada en el horizonte,
dos líneas paralelas que se bifurcan,
un descenso empinado y suave
se otea y percibe nítidamente
en la lejanía inhóspita e inabarcable.

El arte de lo desconocido,
el arte de lo impenetrable,
son ráfagas de conocimiento,
allí donde frágilmente se vislumbra
un interrogante: la incógnita perdurable,
la proyección al interrogante.
Infinito.

V

Retorno a la plácida marisma verde.
Retorno al evasivo sosiego indecible.
La calma, el retorno, el cálido terreno,
que inopinadamente se estremece
y se asosiega en el suave y retoñal
reanudar de la campiña.

Dejar atrás tanta vida,
tanta copiosidad inservible tantas veces.
Dejar atrás el ser de un lamento injustificado.
Dejar atrás la avidez del trajín cotidiano.
Poco tengo que compartir contigo:
palabras, giros imperfectos,
mudanzas, arlequines inesperados...

Con el girar del globo terráqueo
giran las veces múltiples de tus intentos.
¿Qué intentar?
Masificar la lumbre de una ópera creativa.
Asegurar el afán de un firmamento iluminado.
Luceros, estrellas, constelaciones.
Todo un sobrevivir de bagajes.
No encuentro expresiones para transmitírtelas.
No encuentro giros idiomáticos
para hacértelas alcanzar.
Redirigir un saludo con la mano extendida,

agitándola a la brisa,
ya casi fría, pero cercana,
amable y tierna.

En ese entresijo quiero verte.
Y en ese entresijo quiero estar.

VI

Escribir en el oriente y descifrar en el occidente.
Puntos cardinales que insuflan bocanadas
de aire gris y melancólico.
A pesar de los agitados días pasajeros,
permanece el destartalado aullido del viento infeliz,
insano,
que acontece de infortunios.
Y guardia leal y fidelísimo a su pasado.
Convertirse en guardián del pasado,
pero no olvidar el pasado y su traspasado.
Esfuerzos, lamentos, injustas confrontaciones.
Aliento de hadas que resuelven mágicamente
las dificultades y los pasos más desconcertantes.

No adquirir más conocimiento.
Palabras que se repiten y se repiten.
Vacío de guiones en un pensamiento decadente.

Sobresalir entre pisadas casi imperceptibles.
Huellas que se difuminan.
Recuerdos que se marchan volando
entre un erizado viento suave.

Revolotean las hojas y las páginas de tu historia.
Ya no alcanzas a apresarlas
para que no escapen al vacío, al abismo.

Guardián del bien eres.
¿Qué hobbit lo hubiera hecho mejor?

Relojes que repican sonoramente.
Relojes que no concuerdan al unísono,
cuyos péndulos desaparecen en el silencio
y en una hora imposible al tacto.
¿Qué lúgubre instante desconocido es ese?
Es el que a todos nos espera en algún momento,
que nadie conoce.

Estar preparados para el revivir de la naturaleza.
La primavera asoma, y el verde de brotes suaves
tintinea a la aurora.

Llegar a ser guía de tu vida.
Pasto de tu forraje.
Luz de tu mirada.
Espejo de tu renacer.

VII

Conseguí arrebatar el ocaso de tu incertidumbre pasajera.
En realidad, siempre estuviste enlazado a otras cadenas.
Desapareció el humo, desapareció la niebla,
y el sol brilló en tu vida esplendorosa y brillantemente.

Mi planeta tiene sol también, pero la luz es distinta.
A los rayos de esa luz crecen las flores que tú ves,
las flores de tu planeta.
Y no lo percibes.
Arranco de mi tierra palas y palas de arena
y algunas piedras, que desafían al olvido.

Tu música es celestial.
Se apaga al son del sol de cada palabra.

Crece en el anonimato una flor que no perece.
Una flor que te observa y te cuida, y que tú no ves.
Abrazar esa flor, ya no es posible.
Desde el refugio de una recóndita ermita
abandonada y perdida,
se arrastra como en un vuelo de brisa suave
el pensamiento que en otra época te invocó.
Creo que ya no vive en esa recóndita ermita.
Se acabaron los días de sol brillante
para ambos lugares y sitios de ensueño.
Se acabaron las risas y la ilusión,

pero se mantiene un halo de esperanza
para esos rayos tuyos de sol que te pertenecen.
Sé que crece tu planeta.
Sé que se esparcen tus sueños e ilusiones.
Desde mis rayos los acompaño y los cuido,
aun con dolor.

El lago

Cuéntame tu viaje,
cuéntame si en el lugar salvaje de tu corazón
encuentras paz, armonía y perdón
por la nostalgia fallida.

A lo lejos increpo al viento
que habla y susurra en mis oídos
y, como viejo amparo presumido,
descarta mis fuerzas y arrecia.

Cuéntame tu viaje al lago,
allí donde encontraste el rato
más soñador y destronado
por el ansia del pasado.

A sus orillas pace
sospechoso del enlace
entre cómodo y airoso
de un afamado discurso vago.

No encontraste el sentido al compás,
a la música celeste y grave,
que pocas notas reclama
al que no sabe, ni ama.

En la lejanía del viento,
en lo allegado de un cuento,
no encuentro pensamientos ciertos
de poderte responder.
Caíste cual agua al terraplén
que no se cansa de arrollarte,
que no desfallece en amarte,
porque cerca es lejos, otra parte,
y al revés, también.

GUIJARROS OVALADOS

PARTE II

El paso del tiempo

El tiempo pasa lento y sin perturbarse. La sigilosa huella del reloj cambia su esfera y la convierte en una eternidad sin fronteras.

No existe un límite, pero el límite se desvaría. A un cúmulo de sospechosos pasos indecisos se abre, sin querer, la proyección de las palabras. Todas, sin excepción.

La fecha se detiene arrugada y vieja. La hora se para en un ayer. Se desmorona la cinta que envuelve la nitidez de tu expresión y parte, para siempre, en un ave que cruza el firmamento desde la rápida colina de la infancia.

Llueve. Ese es el tiempo. Se estanca en los charcos de las piedras. Y las piedras, impetuosas, lo frenan. Es un universo de arte plasmado en un temporal inflexible. Y tu sonrisa descubre un infinito mar de océanos que están poblados de insípidas leyendas; las leyendas que teje el marinero, el sabio, el maestro, o voces desconocidas.

Entre el tiempo y el poso de la utilidad se edifica la sustancia de las civilizaciones, el tiempo y el poso que los años labran entre pórticos. Cantos a catedrales, a las piedras, entre lluvias a raudales, entre mares de olas excepcionales que sobrecogen al caminante.

Camino de culturas distintas y afines. Vida de azul y verde. Refugio de inclemencia pasajera que, a la orden del infinito, se detiene o se estanca imperecedera.

Camino y caminante. Luz, alas, infinito andante.

El mundo de las palabras

I

Evadirse de un sentimiento. ¿Qué ocurre con nuestras palabras?

Se están cayendo en el olvido. Otras nuevas expresiones están invadiendo los soplos de aire que expulsamos de nuestros pulmones y de nuestra mente, dándoles una forma infiltradora. Emitir palabras. Es verdad que designan conceptos y realidades nuevas, pero algunas ya no designan sentimientos y realidades auténticas y sensibles de todo humano.

Necesitamos buscar ese baúl que se ha llevado al trastero de la buhardilla, y que está siendo olvidado allí, entre el polvo, por no usarlo. Ese baúl esconde palabras encantadas y encantadoras. No es un baúl pirata, aunque lo pareciera. Si lo abres, se ilumina y brota de él una luz que alumbra el rostro, las manos, la mente y enseguida enriquece a la persona.

Tantos siglos de cuidado, tantos héroes de letras detrás, con esfuerzo, con gallardía, avanzando valientemente hacia el país de la cultura. Es como un país al que todos aspiran llegar, pero que sólo unos pocos saben hacerlo.

En ese baúl caben muchos libros, muchos escritores, muchas palabras, historias, ilusiones. Es el baúl de la libertad, tan cerrado ya, atado con cerrojos y, sin embargo, por dentro brilla y quiere desprender esa luz.

II

El indescriptible mundo de la fantasía está en peligro. ¿Qué pasa en la biblioteca de los libros con escolta?

Los soldaditos de plomo custodian a Alicia en el País de las Maravillas y a Blancanieves. Todavía tiene que llegar el príncipe para rescatarla del terrible sueño en el que la bruja madrasta la ha precipitado.

Alguien está leyendo en su casa ambas historias. Dos chicas las han extraído de sendas estanterías. Pero los libros deben estar custodiados. Es algo imprescindible si el fantástico mundo de los cuentos quiere mantener su continuidad también allí, en la biblioteca.

Las mentes de los niños están obcecadas en las pantallas. Las luces ciegan la vista. Los rayos dañan los ojos y secan los cerebros, pero no del modo en que se lo secaron los libros de caballerías a Alonso Quijano, al también conocido como don Quijote.

Nada sucede al azar, y eso tiene su explicación. Han decidido acabar con las mentes imaginativas jóvenes. Los mayores tendrán que arreglárselas solos. Ahí está el soldadito de plomo, con su bayoneta y sin su pierna. Su bailarina le acompaña con un precioso traje de color rosa, largo hasta casi los pies; le llega a los tobillos. La bruja de Blancanieves todavía se pasea como una niebla misteriosa e inadvertible entre las estanterías, a la búsqueda y acecho de otras posibles princesas para encantar y hechizar.

Los hechizos de las brujas y hadas malas no se pueden guardar en ninguna caja ni en ninguna ilustración. Se deslizan de historia en historia, de cuento en cuento. Y las mentes jóvenes ¿en peligro de secarse?

La cotidianidad

Encontré escondida, dentro de una concha de mar opaca y resistente, una perla gris de mediano tamaño. La perla era gris como el cielo nublado y poblado de resplandores y destellos brillantes. Llamaba la atención lo que el viento y los giros repetidos, constantes y continuados habían tallado en la concha del mar opaca y resistente.

Apenas logré abrir la concha, una ráfaga de mar inundó mis ojos, mi nariz y toda mi cara, como una ráfaga de tormenta en pleno invierno huracanado. Era, sin duda, maravilloso centrarse en un acontecimiento tan singular, tras pasar días y días monótonos sin percance alguno y con tan aparentemente aburrido transcurrir del tiempo.

Sabía e intuía que aquello saltaría al espacio intrigante, que no pasaría desapercibido y, de pronto, una luz, una nube, una oscuridad cubrió mis esperanzadoras perspectivas.

Nada iba a cambiar. Nada iba a hacer girar el rumbo de mi futuro itinerario. Nada iba a trocar mi desdichada suerte. Todo iba a seguir y a ser igual: un monótono traquetear de los días.

La paz

I

¿Dónde se oculta el enigma?

Parece que se aproxima un fuerte temporal, pero la resistencia de las plantas aplaca su fuerza. El vendaval es un viento estrepitoso que se desliza fuerte e iracundo, pero las plantas lo suavizarán; las plantas lo recogerán en una caja marrón de cartón simple y lo mandarán callar con una orden férrea pero silenciosa.

Las plantas florecerán en primavera, justo cuando los brotes más verdes asomen a través de la tierra empapada.

No interferirá su iracundo portento con la calma paciente de las plantas, porque en primavera brillarán las flores con luminosos colores de plata y rubíes.

II

Arremolinarse entre esferas grises,
desplegar alas de tristeza,
empujar llanto a la atmósfera
y crear un ambiente de sirena.

No descansar ni cesar de lamentarse,
no escapar de un círculo corto, cerrado.
Esconderse de la mano oculta
que la sombra indolente
alcanza a cada ser vivo.

En tanto que a ti escribo,
a ti arrimo mi pesadumbre
de no haber hallado cobijo
en un sol ardiente y sin brillo.

No es de sabios ni de avispados
correr en la lejanía,
desperdigar consuelo
y sucumbir a desvelos vacíos.

Levantar el ánimo perennemente desfallecido
es un canto al tesón malherido.
Quizás en un ambiente corrompido
se logre despertar al ser vivo dormido.

III

EN EL INVERNADERO

Recoger en cestas de fruta halagos de cordura. Que esa inhóspita falsedad lógica, que azota las convivencias abrumadas de abundancia, se marchite, y que en primaveral renacer broten frágiles tallos de esperanza, sólo perceptibles a las cicatrices curadas.

Se desvanece el bullicio y una austera imagen de lo imprescindible se extienda e ilumine una realidad auténtica. Todo brilla, pero en el exterior.

En el invierno de las posibilidades sale el hombre a un exterior en busca de lechugas mecanizadas. En ese invierno de las posibilidades se acurruca el hombre interior cálido. Lo que prevalece es acurrucarse, sentir la calidez y protegerla.

IV

¿Qué indudable soslayo de luz rompe la mañana intransigente, fría y gélida, árida y pedregosa que impide casi avanzar y adelantar en el camino?

¿Qué pensamientos al nivel de la tierra sepultan las ideas, ilusiones, cantos y esperanzas?

Un grito. Un grito en la única ladera de la salida de un bosque verde y perenne.

Un grito. Un grito en la sala y antesala de un perímetro articulado, perdido en un montón de cemento arrasado.

Los declives cabizbajos de las desdichadas cervices de los que lloran por un cerrojo, que no permite abrir ventanas a la atmósfera y a la escarcha que enfrían un pensamiento poderoso en la penumbra de la noche amenazante.

No. No hay, ni habrá una noche igual. Es un canto a la nostalgia y al anhelo de alcanzar la paz.

GUIJARROS OVALADOS

PARTE III: BREVES ESBOZOS

I

Cuando se tiene una historia, como una madeja enrollada de lana y lino, no se sabe por dónde empezar. Quizás la historia se atraganta y no es capaz, ni siquiera por sí misma, de desenmarañarse, y queda como un malestar incurable del que se muere y con el que, finalmente, abrazándolo, estrechándolo con y en un abrazo doloroso, se muere, y se muere para siempre.

Hay vidas que pueden tener una historia así. Y no se pueden asimilar, ni digerir. Oprime el ventrículo, la aorta, la garganta y el lagrimal. De hecho, está tan oprimido y amarrado tan fuertemente a un puerto, que jamás parte ninguna nave, ningún navío. Nada. Su ancla férrea e intransigente, no es más, sin embargo, que esta historia. Una historia que la ata, que la retiene y arrastra a la mazmorra del triste fin sin final. Es como una historia finalizada, terminada, conclusa, en una carretera de doble carril, donde siente el deber de permanecer de última, en esa fila, hilera de coches, en la cual sólo avanzan, incluso con velocidad, los más hábiles. Y llegan antes, cierto. Para nada.

Si se derrocha un sinfín de tiempo abanicándose, procurando distraer y alejar de sí esta historia fuertemente dulce y templada, cálida en el aire cargado, casi estival, de amaneceres rojos y de noches frías, pero cielos brillantemente estrellados, es verdad, también, que la palidez de su sombra proyecta un halo de esperanza.

No es un grito acongojante. Es una suave caricia de brisa fresca, que sabe que sólo va a durar muy poco, breves, brevísimos segundos, pero de eternidad. Es una esperanza efímera. Un cabalgar al trote pasajero. Un descabalgar corto, al pie de un establo sencillo y honesto.

No quiere seguir narrando lo que casi en parte es imposible. La esperanza, el sueño que despierta y se repite, aletea, cual mariposa bella, azul, grandiosa, para cerrar sus alas, tan traviesas, jugando en un sopor dulce del que nada después vuelve a ser igual.

El pueblo y el árbol

En la entrada del pueblo se podía ver un árbol alto y poderoso que deslumbraba a todo caminante que por allí pasaba. Ya fuera la primera vez en verlo, ya fuera la milésima vez que lo contemplaba, siempre llamaba la atención a todo caminante.

No lejos de allí, atravesando la carretera, una casa, la primera, hacía su aparición. Tras ella, un montículo de más viviendas, las que conformaban el pueblo junto a la iglesia, el pozo, el lavadero, y poco más destacable. Era sencillo, o no, más bien parecía sencillo.

Ahora las historias, los cuentos, las leyendas, las habladurías, los cuchicheos, los cotilleos, algunos bien intencionados, y otros, por desgracia tan mal entretejidos, eran, sin embargo, lo peor y casi lo único que allí se configuraba.

Se trabajaba en el campo. Se cultivaba la tierra: se labraba, se sembraba, se regaba, se cosechaba. Un año tras otro. Algún año mejor que otro. Siempre rotando. Siempre repitiendo, año tras año, cosecha tras cosecha. Y eso era bueno, porque lo que no era nada bueno, como es natural y de suponer, era que no se cosechara, que vinieran lluvias a destiempo, que se deslizase sobre los tallos, sobre las hojas o entre las raíces, algún pestífero hongo, o alguna epidemia despiadada, que dejase a la intemperie el trabajo laborioso, costoso y a veces tan árido como algunos inviernos o veranos que se podían vivir en aquel pueblo, el cual, a la entrada, presentaba un árbol tan alto y poderoso.

II

Caminábamos despacio. No teníamos prisa. Parecía que todo resultaba contracorriente, pues el ajetreo bullicioso del resto mundano no encontraba hueco en aquel silencioso y apacible lugar. Desde aquel momento decidí que mi vida se transformaría en aquella paz considerable, y que nunca más volvería a sufrir las inclemencias y consecuencias de la prisa, del movimiento inusual, rápido, veloz, casi enfermo, de cualquier otro lugar al que tendría que ir. Yo estaba cansada y harta de tanta velocidad, del tiempo acelerado por correr tras él. El sinsentido de la agitada ocupación, de no perder ningún segundo envolvente de la masa humana que se desliza indolente, insensible, torpe, atolondrada, sin sentido ni sentimiento.

Qué raro resultaba sufrir aquello. Muchas personas huían al campo, al pueblo, a la montaña, para escaparse, para refugiarse, para encontrarse a sí mismas. Alejarse del revuelo, una forma de escabullirse y evadirse de lo cargante y molesto, resultado de enfrentarse a los días de trabajo o no trabajo. Una salida.

Me recuerda esta actitud a la de un caracol, que se esconde y desea escapar del mundanal ruido encogiéndose y ausentándose.

Caminábamos. Aún se podía ver el árbol tan alto y poderoso a la entrada del pueblo. En realidad, nunca se perdía de vista.

Transcurso de tiempos

Sobre el bordillo de la acera discurría un hilo de agua de lluvia. Había refrescado aquella tarde calurosa de verano. Era temprano por la mañana y yo me había dispuesto a coger el coche para ir a trabajar. Realmente era feliz. Aquella obligación mantenía mis esperanzas y, si de una forma se convertía en carga pesada, de otra resultaban así mis años de juventud. Estos daban su fruto. Era verdad.

Un despertar madrugador. El sonido estrepitoso del despertador. El viento amenazante y las tormentas fuertes en noches de invierno que sacudían violentamente las ramas de los árboles. Todo confuso. Las luces del coche, los limpiaparabrisas moviéndose a una velocidad despavorida. El agua cayendo sobre los cristales. Y a la espera, el verano.

Ya nada tenía su genio. Se despegaban los forros plásticos de los libros, se amontonaban los bolígrafos sobre la mesa. Se acumulaba la pereza sobre las primeras horas de la mañana y también de la noche. No tenía importancia en verano.

En día de mercado…

… todo estaba abarrotado con puestos de fruta, de pescado, de verduras. Todo estaba abarrotado de gente, que bullía por todos lados cargada con sus compras y con sus bolsas y recados.

Era interesante y, a su vez, curioso verla pasar andando de un puesto a otro. También había ropa en tenderetes más cercanos, mezclada con zapatos, zapatillas, chándales o deportivas. Sí, realmente era curioso. No sabía de dónde llegaba tanto bullicio, tanto revolver en un puesto o en otro. Algunos anunciaban un precio más barato que el contiguo, otros ofrecían sus prendas como extraordinarias. Era un factor común el del mercado, pero cada población tenía su peculiaridad. En algún pueblo era más silencioso, en otro menos. Era alguno más amable, otro más acogedor.

Cada día

Es un medio eficaz para tolerar indiscutiblemente el semblante perenne del camino. El camino de un reguero incierto que empieza por la fuente imperecedera de una montaña afilada y termina por arrasar y arrastrar el lodo, el barro y las piedras ovaladas de cantos rodados del torrente cautelosamente caudaloso de las dificultosas adversidades.

Las gotas que fluyen en los lagrimales salados e indecisos responden al lugar de los inmensos sueños que bañan los rostros distraídos y tristes del mar y del océano de la sinrazón y del absurdo.

A lo lejos, el cielo, el horizonte y el afán por mantener, sostener y facilitar un sendero, un camino, una vía a veces desigual, que brilla, aunque a veces se bifurque en vanos intentos que se pierden desnutridos en el vacío.

El planeta Tierra

Gira redonda la Tierra entre el infinito grande. Es tal que se recoge en multitud de estrellas. El arte que cada día despliega el planeta es un salto humano desmedido.

El tiempo, el arte, el trabajo constante se absorta en una región cerrada y, como de la nada, aguanta una sacudida estrellada cada vez que un año se avecina.

Planeta Tierra, luz lastimera, cuna invencible por la que se llora y gime. Luz encandilada del hada de la mañana. Luz imperecedera del sol, una estrella.

Se pliegan los ojos, se entorna la noche y, de cielo en cielo, luces brillantes de sonrisas triunfantes se esbozan como saleros escasos.

La ciudad

Se despliega la gran terraza del pensamiento común.
Sin más ventaja, merece una palabra escrita
sin más tinta que la de la ciudad.

A pesar del difícil tramo de carretera
entre la acera y el viaducto,
no se encuentra medio más abrupto
que el de descargar los bultos.
Trazos largos de caminos, llanos y lisos,

tristezas y desengaños,
todos los días del año.
Cumbre del abismo.

Descargar el peso del gigante
en la colina con el basurero.
El sujeto pasivo o paciente
es algo tan rígidamente sorprendente
que llena el vacío contundente
de fiestas.

Bloques grandes y desmesuradamente huraños;
plazas vacías, sin extraños,
con mercados alegres, perdidos como rebaños.
Luces fuertes.

Resurge airoso el clamor de un privilegio,
el colegio.
En la escuela aparte,
resulta un arte
la necesidad.

Un lápiz revisa la vuelta de la compra, y nadie nota
la prisa que azota
el tiempo que no para jamás.
¿En la ciudad estás?

(...de la ciudad. Algunos apuntes adjuntos)

El pueblo no tenía las peculiaridades de la ciudad, tan caótica: humo, atascos y caravanas. Sin ganas. No poder avanzar en las colas más de unos centímetros.

La bella ciudad tenía dinamismo, a cambio de contaminación y ruidos. ¡Vaya un cisco!

Es verdad que hay ciudades y ciudades, y ninguna es igual a otra.

III

Cuando la larga y esperada línea del horizonte se entremezcla asustada con la espesa niebla de la incertidumbre, realmente es entonces cuando se encoge en lo más inescrutable del ser un bullir inquieto que oprime la razón, porque ante la inquietante y poderosa consciencia del futuro, no hay teoremas ni sentencias constructivas que amortigüen el caudal incipiente y desbordante que lo arrastra indolente hasta el final, en un surco desnivelado de aguas revueltas y peligrosas, en un mar despiadado en el que compiten por cubrirlo de azul.

En ese horizonte se atisba una luz. ¿Qué luz puede conducir a tantas embarcaciones a un destino?

Un grano de trigo, amarillento por el calor fuerte y seco, cae en el campo triguero hermoso, trabajado por anónimos cultivadores. Un grano de trigo joven, oculto, abnegado en el anonimato imperceptible.

¡Y ahí está!, girando entre los talones de tantos pasos que dejan sus huellas, tan diversas. Y entre la noche oscura y la lejana y tardía y radiante espera cansada por la marejada, surge, brota el bullir.

Y la esperanza clara y luminosa abarca dichosa y consciente a un ser que trasciende a otro, tan inalcanzable como oculto, en el mismísimo corazón del océano humano.

PUENTE DE CARLOS IV, PRAGA

A lo largo del puente fluían voces de turistas interesados en las pinturas que a lo largo de él se extendían. Puestos de artistas desconocidos, pero eficazmente geniales, recomponían la brisa y el viento suave del final del verano, atrayendo, como el otoño atrae las hojas castañas y rojizas de los árboles caducifolios, a los múltiples y numerosos paseantes del puente más conocido de aquel lugar.

No sin impacientarme, resolví atravesarlo haciendo paradas continuas, en solitario, fascinado por el rojo del atardecer de aquel día bucólico y plácido, que disfrutaba entusiasmado. En ningún momento desvié la mirada de aquel paisaje exótico y continental.

El río, mientras tanto, arrastraba por debajo de aquel maravilloso puente el agua con la corriente, que transportaba perennemente la historia de la ciudad: desde los antiguos pobladores medievales, hasta los contemporáneos, disfrutaban ensimismados las aguas y sus legados de aquel impetuoso río bellamente musical.

Crucé la mitad del puente cautivado por su esplendor. Realmente me asomé, como si de un balcón se tratase, a la barandilla esculpida por los años y por el tiempo, y me introduje, falto casi de aliento, en un paisaje bello e inalcanzable. En el horizonte y en lo alto de la colina, el castillo. Apuesto y desafiante. Hermosa vista y elegante, como envuelto en un cuento.

Resolví, tras volver a la realidad, despertado por el trajín de los citados puestos ambulantes de las pinturas, retroceder lo andado y regresar al otro lado, atravesando la mitad del puente, desde el punto en el cual me hallaba, hasta la acera salpicada de tiendas de souvenirs, que ofrecían al turista diversidad de objetos que conformaban a la vista, recuerdos.

Volví sobre mis pasos, borrados casi por el ir y venir de los paseantes informales y cautelosos, que ya no distinguían cansados las etapas de la historia, que contemplaban, asimismo, el atardecer, y que se disponían a aceptar, irremediablemente, la noche, que ya comenzaba a tomar su suave y desperezado reino.

Terminaba así un día en el que el cansancio daba pie al reposo. Y la música, riqueza entrañable de aquella ciudad, dormía envuelta en el arrullo de las aguas y sus notas armónicas, melódicas e inmensurablemente bellas.

DEDICATORIA AL PROFESOR

En la escuela había alumnos de todas clases. Algunos más aplicados que otros, pero todos estaban felices con su profesor. Él los acompañaba también, incluso, a las excursiones, y con ellos disfrutaba de lecturas y lecciones propias de su edad. No volvía tarde y los alumnos le apreciaban. Siempre le querían mucho. Sin embargo, había alguno que, difícilmente, trastocaba las horas de estudio y los dejaba siempre entristecidos.

El libro

De donde surgen los poemas más dóciles y bonitos, que describen incansables los mejores panoramas y paisajes de cada lugar, surgen también los mejores momentos incansables e imperecederos que todavía se pueden leer en los libros.

Este utensilio, cosa, sabiduría, detiene las horas del que lo contempla en la librería y lo coloca, después, en la estantería.

Los instantes se escurren en medio de un trueque de conocimientos, razonamientos, pensamientos y sentimientos. Son mágicos. Lo acompañan. Y al lector. Y a la lectura. Letras. Horas. No lo abandones.

Entre las hojas del viento. Entre las hojas del tiempo.

Índice

www.ingramcontent.com/pod-product-compliance
Lightning Source LLC
LaVergne TN
LVHW041231150826
845673LV00008B/2346

* 9 7 8 8 4 1 9 8 2 7 7 0 8 *